Eva Scheuermann

Unterrichtsstunde: Mindmaps erstellen im MindManager

GRIN - Verlag für akademische Texte

Der GRIN Verlag mit Sitz in München hat sich seit der Gründung im Jahr 1998 auf die
Veröffentlichung akademischer Texte spezialisiert.

Die Verlagswebseite www.grin.com ist für Studenten, Hochschullehrer und andere Akade-
miker die ideale Plattform, ihre Fachtexte, Studienarbeiten, Abschlussarbeiten oder Disser-
tationen einem breiten Publikum zu präsentieren.

Dokument Nr. V92418 aus dem GRIN Verlagsprogramm

Eva Scheuermann

Unterrichtsstunde: Mindmaps erstellen im MindManager

GRIN Verlag

Bibliografische Information der Deutschen Nationalbibliothek: Die Deutsche Bibliothek
verzeichnet diese Publikation in der Deutschen Nationalbibliografie; detaillierte bibliografische Daten sind im Internet über http://dnb.d-nb.de/ abrufbar.

1. Auflage 2008
Copyright © 2008 GRIN Verlag
http://www.grin.com/
Druck und Bindung: Books on Demand GmbH, Norderstedt Germany
ISBN 978-3-638-95704-5

STAATLICHES SEMINAR FÜR DIDAKTIK UND
LEHRERBILDUNG (REALSCHULEN) KARLSRUHE

SCHRIFTLICHER UNTERRICHTSPLAN

- ZUM ERSTEN BERATENDEN UNTERRICHTSBESUCH FÜR DAS
LEHRAMT AN REALSCHULEN -

MINDMAP ERSTELLEN IM MINDMANAGER

REALSCHULLEHRERANWÄRTERIN:	Eva Scheuermann
SCHULE:	Realschule
TERMIN:	29. April 2008
LERNGRUPPE:	Klasse 5c
FACH:	Informatik
STUNDE:	2. Stunde
	08:40 – 09:25 Uhr

INHALTSVERZEICHNIS

1 BEDINGUNGSANALYSE

In der Realschule wird auf Grund der Kontingentstundentafel in den Klassen 5 bis 8 jeweils eine einstündige Informationstechnische Grundbildung (ITG) durchgeführt.. Drei Wochenstunden sind in unterschiedliche Unterrichtsfächer eingebettet. In Klasse 5 betrifft dies das Fach Deutsch (D IT), in Klasse 6 - Englisch (E IT), in Klasse 7 - Mathematik (M IT). In Klasse 8 wird ITG als eigenständiges Fach unterrichtet.

In der Realschule X. werden ungefähr 1000 Schüler von ca. 65 Lehrern unterrichtet. Die Klassenstärke liegt im Durchschnitt bei 30 Schülern.

1.1 SITUATION DER KLASSE

Die Klasse 5c der Realschule X. setzt sich aus 32 Schülern zusammen, darunter 23 Mädchen und 9 Jungen. Somit ist das Verhältnis nicht wirklich ausgewogen. Die meisten von ihnen sind zwischen 9 und 11 Jahren alt.

1.2 UNTERRICHTSSITUATION DER KLASSE

Die Klasse 5c wird jeden Dienstag, einstündig im Fach Deutsch/ Informatik unterrichtet. Die Computerräume befinden sich im Untergeschoss. Da es zwei kleine Computerräume gibt, wird die Klasse geteilt und von zwei Lehrern parallel unterrichtet. Dies sind immer der Fachlehrer des jeweiligen Unterrichtsfaches und ein weiterer Lehrer, der auch eventuell fachfremd unterrichtet. In der Klasse 5c sind dies die Deutschlehrerin Frau X. und Frau Z..

Frau Z. unterrichtet vorwiegend die Jungen der Klasse. Es sitzen jeweils zwei Schüler an einem Computer. Dies ist natürlich nicht ideal, da ein Schüler immer zuschauen muss. Der Lernerfolg ist dadurch etwas eingeschränkt, da das eigenständige Arbeiten dabei etwas zu kurz kommt.

Die fünfte Klasse erlebe ich als eine sehr interessierte und aufmerksame Klasse. Die Schüler zeigen bei den meisten Themen großes Interesse und sind überwiegend sehr motiviert und arbeiten mit. Die Arbeitsgeschwindigkeit und das Leistungsniveau der Klasse sind im Fach Informatik jedoch sehr unterschiedlich. Es gibt Schüler die wesentlich mehr Zeit benötigen als andere. Ein Grund dafür ist sicherlich, dass einige Schüler noch nicht so vertraut mit dem Umgang des Computers sind als andere. Ein weiterer Grund ist, dass viele Schüler die Arbeitsanweisungen nicht genau oder sogar überhaupt nicht durchlesen. Das

hat zur Folge, dass sie sich oft strecken und Hilfe vom Lehrer benötigen. Was den Schülern auch sehr viel Freude bereitet, ist wenn sie ihre Ergebnisse farbig ausdrucken dürfen.

Jonathan ist z.B. ein Schüler, der gerne alleine an einen Computer sitzen möchte, da er lieber eigenständig die Arbeitsaufträge bearbeiten möchte. Dies kann evtl. auch daher kommen, dass sein Mitschüler ihn nur zuschauen lässt.

1.3 RAUMSITUATION

Das Fach Informatik wird im Computerraum unterrichtet. Dieser besteht aus zwei kleineren Räumen. Lässt man die Türen offen stehen, sind die beiden Räume durch einen weitern kleinen Raum, wo sich auch der Haupteingang des Computerraumes befindet, verbunden.

Jeder Raum ist jeweils mit neun Computern und einem Lehrercomputer ausgestattet. In beiden Räumen sind die Tische in Hufeisenform angeordnet. Das hat den Vorteil, dass der Lehrer alle Bildschirme im Blickfeld hat und jederzeit sehen kann, was die Schüler gerade machen. Desweiteren sind jeweils eine nicht aufklappbare Tafel und ein Beamer vorhanden. Ein Schwaz-Weiß Drucker und ein Farbdrucker befinden sich jedoch nur in einem Raum. Der Zugriff auf die Drucker ist auch nur von den Lehrercomputern möglich.

2   Sachanalyse – Fachwissenschaftliche Aspekte

„Mindmapping ist ein Werkzeug für kreatives Denken. Es ist ganz einfach – man erstellt eine Abbildung (Lernkarte) der eigenen Gedanken!"[1]

„Mind Maps enthalten das zu bearbeitende, zentrale Thema in der Mitte des Blattes. Es wird möglichst genau formuliert und/oder als Bild dargestellt. Nach außen sind verschiedene Hauptäste (Hauptkapitel) mit weiteren Unterästen (Unterkapitel), die die dazugehörenden Informationen ranggerecht darstellen. Auf den Ästen steht immer nur ein Schlüsselwort. Bei der Erstellung können Farben und Bilder benutzt werden."[2]

„Bei dem Programm MindManager Smart handelt es sich um eine einfachere, speziell für die Schule entwickelte Version des MindManagers, mit dem nach kurzer Einarbeitung Mind Maps am PC erstellt werden können, die jederzeit verändert und erweitert werden können. Durch den Einsatz von Grafiken lassen sich sehr gute Veranschaulichungen erreichen. Die Mind Maps können darüber hinaus mit anderen Dokumenten oder Webseiten verknüpft, elektronisch präsentiert oder als Webseite, Bild oder Text exportiert werden."[3]

2.1   „Das Programmfenster

Je nach Installation und Einstellung kann der Startbildschirm auch leicht verschieden aussehen. So wird bei den ersten Programmstarts nach der Installation zunächst eine Einführung in das Programm angeboten, später startet das Programm dann mit einer leeren Mindmap. Gegebenenfalls muss über die Menüfunktion ‚Datei‘ und ‚Neu‘ erst eine neue Mindmap erstellt werden.

2.2   Eine Mindmap erstellen

Zur Beschriftung des Mindmap-Titels (Hauptstichwort) oder später der Zweige muss nur auf den Text geklickt werden, ähnlich wie bei der Umbenennung von Ordnern im Programm ‚Windows Explorer‘. Die Symbole aus den Symbolordnern lassen sich nur durch Ziehen auf die Mindmap legen. Die Größe des Titelsymbols passt sich automatisch dem Textumfang an. Zeilenumbrüche kön-

---

[1] http://lehrerfortbildung-bw.de/kompetenzen/projektkompetenz/methoden_a_z/mindmapping/anleitung.htm
[2] http://de.wikipedia.org/wiki/Mindmap#Allgemein
[3] http://lehrerfortbildung-bw.de/mindmap/

nen mit der Tastaturkombination [Umschalten] + [Eingabetaste] erzeugt werden. Nach Rechtsklick in den Titel und Auswahl der Kontextmenü-Funktion, Textbereiche Thema kann auch die Größe des Textfeldes im Titelsymbol verändert werden.

2.3 EINE MINDMAP GESTALTEN

Wenn in einer Mindmap die Reihenfolge der Äste oder Zweige von Bedeutung ist, müssen diese ggf. nachträglich verschoben werden – die Platzierung der Äste und Zweige erfolgt bei deren Erstellung nicht der Reihe nach, sondern wird vom Programm in nicht immer sinnvoller Weise vorgenommen. Wichtig beim Ziehen ist das Klicken auf den ‚Griff' vor der Beschriftung. Der Mauszeiger verändert dabei sein Aussehen nicht. Das Platzieren ist durch das Einblenden des gestrichelten Rechtecks jedoch eindeutig. Beim Umgruppieren von Zweigen, also beim Verschieben eines Zweiges in die Verästelung eines anderen, wird nicht der ‚Griff' angeklickt, sondern die Beschriftung. Losgelassen wird der Zweig dann auf dem Ziel, wenn dieses sich rot verfärbt. Das geht auch über ‚Ausschneiden' und ‚Einfügen'. Beim Färben muss man zwischen der Astfarbe (‚Farb-Symbolleiste') und dem farblichen Hinterlegen der Zweigbeschriftung (‚Hervorheben-Symbolleiste') unterscheiden. Wie in der Textverarbeitung muss der zu färbende Zweig oder Text markiert sein. Bei den Zweigen wird ab der Markierung abwärts gefärbt. Zur Auflockerung vor allem umfangreicher Mindmaps lassen sich Symbole durch Auswahl einer Symbol-Kategorie und durch ‚Ziehen und Ablegen' hinzufügen. Beim Ablegen gibt es zwei Möglichkeiten, auf die der Tipp hinweist: Man kann Symbole frei ablegen oder auf einem Zweig. Im letzteren Fall bleibt das Symbol auch beim Verschieben am Zweig „kleben". Man erkennt den Unterschied nach Anklicken des Symbols an der eingeblendeten Linie. Nach Rechtsklick in eine der Symbol-Kategorien können auch eigene Symbole hinzugefügt und anschließend in Mindmaps verwendet werden. Codes werden im Unterschied zu Symbolen nicht zum Zweig gezogen, sondern funktionieren wie Schalter. Beim Anklicken wird der Code zur Markierung hinzugefügt, beim erneuten Anklicken wieder entfernt. Die Größe von Codes lässt sich nicht verändern.[4]

---

[4] vgl. Buck u.a. 2005 CD-ROM Lehrerhandreichung S.39, 40

3 DIDAKTISCHE ANALYSE

3.1 LERNVORAUSSETZUNGEN DER SCHÜLER

Das heutige Thema Mindmaps erstellen mit Hilfe des Computer ist ein Vertie-fungs-/ bzw. Zusatzthema in der Klasse 5. Die Schüler der Klasse 5c haben ihre ersten Erfahrungen mit dem Erstellen einer Mindmap in der zusätzlichen Deutschstunde „Methoden- und Sozialkompetenz", gesammelt. Texte wurden bearbeitet und wichtige Schlüsselbegriffe markiert. Zur besseren Strukturierung von Informationen/ Inhalten wurde die Möglichkeit der Mindmap eingeführt. Somit knüpft die heutige Stunde an die Methodenkompetenz an.

Die Schüler sind bisher mit folgenden Kenntnissen vertraut:

- grundlegenden Computerkenntnissen (Software / Hardware, im Schulnetz anmelden),
- sich im Netzwerk zurechtfinden (eigene Dateien, Tauschverzeichnis, Pro-gramme starten),
- sich in Windows zurechtfinden (Programme starten, Daten eingeben, si-chern, ausgeben, löschen),
- erhaltene (Text-)Dateien bearbeiten,

3.2 BEDEUTUNG DER EINHEIT UND DER UNTERRICHTSSTUNDE FÜR DIE SCHÜLER

Ich habe mich bewusst für die Erstellung einer Mindmap mit Hilfe des Compu-ters entschieden.

Die damit verbundene Technik des Strukturierens von Informationen/ bzw. In-halten aus Texten, Gedanken oder ähnlichem, kann sehr hilfreich für die weiter Schullaufbahn eines Schülers sein. Sie spielt nicht nur im Deutschunterricht eine bedeutende Rolle, auch in allen anderen Fächern können Mindmaps für eine bessere Strukturierung/ Orientierung angefertigt werden. Eine Mindmap ist z.B. eine gute Lernmethode für die Vorbereitung einer Klassenarbeit. Die Grundgedanken des Themas sind verstanden, zur Rekonstruktion reichen Ver-knüpfungen hervorrufender Schlüsselworte. Sie dient als Zusammenfassung über ein Lernkapitel und hilft somit beim Erinnern des Lernstoffs. Ebenso bei Referaten und die ab Klasse 8 anstehenden ‚Gleichwertige Feststellungen von

Schülerleistungen' (GFS) kann eine Mindmap eine große Erleichterung sein. Durch entsprechende Anordnung und farbigen Markierungen lassen sich einzelne Themenbereiche abgrenzen. Die Mindmap ersetzt hier den klassischen Stichwortzettel, bzw. die Karteikärtchen. Des Weiteren kann sie für die Vorbereitung von Aufsätzen, Briefe usw. von Bedeutung sein. Mindmaps helfen Gedanken für Aufsätze oder Briefe zu strukturieren. Auch bei der Planung von Schulfesten, Projekten oder Ausflügen bietet sie einen guten Überblick.

Mandmaps sind auch im vielen Berufen von großer Bedeutung. Z.B. bei Gruppenmeetings können die Hauptideen/ -punkte in einer großen Mindmap festgehalten werden. Auf diese Weise hat jeder Teilnehmer stets einen Überblick über den gesamten bisherigen Sitzungsverlauf. Da nur Schlüsselwörter aufgezeichnet werden, ist jeder Teilnehmer gezwungen, seine Aussagen auf den Punkt zu bringen. Unsachliche Beiträge und langatmige Umschweifungen werden nicht berücksichtigt. Die Mindmap stellt somit zugleich das Protokoll dar.

Die Vorteile liegen dabei auf der Hand:

- man benötigt weniger Zeit,
- man erhält eine sauberere Darstellung als von Hand,
- man kann problemlos etwas Neues einfügen bzw. löschen,
- man kann zusätzlich Bilder und hinterlegte Kommentare einfügen.

Da Schüler in vielen Bereichen Mindmaps erstellen können, ist es sinnvoll dies mit einem Computerprogramm umzusetzen. Die Vorteile ist, dass man nicht so viel Zeit benötigt, deine sauberere Darstellung als von Hand, dass man jederzeit etwas neues einfügen kann oder auch wieder löschen kann. Man kann zusätzliche Bilder einfügen und auch hinterlegte Kommentare.

Im Allgemeinen kann man sagen, dass Mindmaps überall dort von Bedeutung sind, wo es darum geht in relativ kurzer Zeit schriftliche Aufzeichnungen zu besitzen.

3.3 ERWARTETE SCHWIERIGKEITEN UND PROBLEME

Einen stillen Impuls als Einstiegsphase kennen die Schüler noch nicht. Am Anfang kann es natürlich sein, dass die Schüler verwundert sind und nicht wissen was sie machen sollen. Daher könnte der Einstieg etwas länger dauern als geplant bzw. werde ich mit Frageimpulsen nachhelfen.

Des Weiteren könnte es in der Reflexionsphase Schwierigkeiten geben. In der vorherigen Stunde hab ich eine neue Methode zur Reflexion der Stunde eingeführt. Für die Schüler ist es noch relativ schwer, genau sagen zu können, was ihnen schwer bzw. leicht gefallen ist, da sie konkrete Beispiele geben müssen und nicht nur generell sagen, ob die Stunde ihnen leicht/ bzw. schwer fiel.

3.4 EINORDNUNG DER STUNDE IN DIE UNTERRICHTSEINHEIT

WOCHE	THEMA/INHALT
28	**Einführung** **Mindmap erstellen im MindManager** • **das Programmfenster (Fachbegriffe)** • **Eine Mindmap erstellen** • **Differenzierung: Eine Mindmap gestalten**
29	• Wiederholung der Fachbegriffe • Wiederholung: Eine Mindmap erstellen • Mindmap gestalten • Vorstellung • Drucken
	Pfingstferien
30	Strukturierung eines Textes aus dem Deutschunterricht.

3.5 BEZUG ZUM BILDUNGSPLAN[5]

In den Leitgedanken zum Kompetenzerwerb steht unter anderem, dass Informationstechnische Grundbildung einen überfachlichen Bereich darstellt und bis zur Klasse 10 aufgebaut wird. *„Die Fähigkeit zu entwickeln, Informationen zielgerichtet, angemessen, verantwortlich und kreativ nutzen und gestalten zu können, ist damit ein übergeordnetes Ziel der schulischen Allgemeinbildung. Insbesondere die reflektierte Informationsbeschaffung, -auswahl, -aufbereitung und -weitergabe sind dabei wichtige zu fördernde Kompetenzen."[6]*

---

[5] vgl. Bildungsplan 2004 für die Realschule, S. 192f.
[6] ebd., S. 192f.

Des Weiteren begünstigt der systematische Lernprozess der Informationstech-nischen Grundbildung, das verantwortungsbewusste und vernetzte Denken, die Kreativität und die Selbständigkeit. *„In Klasse 5 und 6 wird der Computer als ein wichtiges Arbeits- und Hilfsmittel zum selbständigen Lernen und Arbeiten erfah-ren."* Dadurch werden die fundamentalen Handlungskompetenzen vermittelt. Die gelernten Techniken sollen die Grundlagen für die weitere ITG-Ausbildung schaffen.

3.6 ANGESTREBTE KOMPETENZEN[7]

Für die heutige Unterrichtsstunde über das Erstellen einer Mindmap im Mind-manager strebe ich folgende Kompetenzen an.

Im Bereich: Arbeiten und Lernen mit Informationstechnischen Werkzeugen.

Die Schülerinnen und Schüler können

* „vielfältige informationstechnische Anwendungen selbständig und zweck-orientiert einsetzen."

* „Informationen in einfachen, [...] Dokumenten mit eingefügten Objekten darstellen."

* „Daten und Sachverhalte anschaulich darstellen."

im Bereich: Entwickeln, Zusammenhänge verstehen, reflektieren.

Die Schülerinnen und Schüler können

* „einfache Verfahren zur Erfassung, Darstellung und Auswertung von Da-ten einsetzen."

3.7 STUNDENZIEL

Die Schülerinnen und Schüler beschäftigen sich heute mit dem Programm „MindManager Smart". Sie lernen den Aufbau des Programmes kennen und lernen die einzelnen Handlungsschritte an Hand einer Medienreihe selbständig umzusetzen.

---

[7] Bildungsplan 2004 für die Realschule, S.194f.

4 METHODISCHE ANALYSE

Im Folgenden möchte ich den Ablauf meiner Stunde vorstellen und meine Entscheidungen begründen. Vor Beginn der Stunde werde ich verschiedene Gegenstände auf den Boden legen und anschließend mit einem weißen Tuch bedecken.

4.1 EINSTIEG

Die Bildschirme der Schüler sind ausgeschaltet. Die Schüler drehen sich mit ihren Stühlen herum. Vor ihnen auf dem Boden liegen Gegenstände unter einem weißen Tuch. Nach der Begrüßung werde ich die Gegenstände aufdecken und die Reaktionen der Schüler abwarten (stiller Impuls). Die Schüler sollen durch die Gegenstände dazu angeregt werden, sich indirekt Gedanken über Freizeitbeschäftigungen zu machen. Dies soll eine Hilfestellung sein, dass die Schüler sich bei der Erarbeitung der Mindmap keine größeren Gedanken über den Inhalt machen müssen und sich eher auf die Technik des Erstellens einer Mindmap mit Hilfe des Computers konzentrieren können.

Ich habe den stillen Impuls gewählt, da die Schüler dadurch alles äußern können, was ihnen dazu einfällt und erzählen können, dass sie vielleicht auch das Buch „Harry Potter" lesen bzw. gelesen haben oder Fußball spielen. Dadurch lenke ich meinen Unterricht nicht nur durch gezielte Lehrerfragen, sondern durch freie Schüleräußerungen.

Als Alternative hätte ich im Einstieg ein Bild einer Baumstruktur vorziehen können. Anhand dieses Bildes und einiger Frageimpulse wäre schnell die Ähnlichkeit der Baumstruktur zu einer Mindmap verdeutlicht worden. Ich habe mich gegen diese Alternative entschieden, da es mir wichtiger ist zunächst einmal an den Inhalt der Mindmap der heutigen Stunde anzuknüpfen.

4.2 HINFÜHRUNG

Nach den Schüleräußerungen über die Gegenstände, sollen die Schüler ihre eigenen Hobbys/ bzw. Freizeitbeschäftigungen sagen. Einige Begriffe werden von den Schülern auf Karten geschrieben und zu den Gegenständen auf dem Boden gelegt. Wenn noch Oberbegriffe fehlen, werde ich sie dazulegen. Anschließend wollen wir versuchen eine Ordnung/ bzw. Struktur der Begriffe

zubekommen. Die Schüler sollen nun erkennen, dass es sich um eine Mindmap handelt und dass man solche auch mit dem Computer machen kann.

4.3 ERARBEITUNG

In der Erarbeitungsphase werde ich das Programm „MindManager Smart" einführen und die wichtigsten Funktionen erklären. Dieses werde ich mit Hilfe einer PowerPoint Präsentation machen. Nach einer kurzen Einführung des Programmfensters von „MindManager Smart", werde ich noch auf die Symbolleiste eingehen und danach nochmals die Struktur einer Mindmap aufzeigen. Da das Programmfenster ähnlich aufgebaut ist wie z.b. in WORD, werden die Schüler einige Bezeichnungen und Symbole kennen. Daher werde ich die Schüler in die Präsentation mit einbeziehen. Anschließend werde ich noch kurz den weitern Ablauf der Stunde erklären und das Arbeitsblatt I „Mind Manager Smart" austeilen. Während dessen melden sich die Schüler an ihren Computern an.

Als Alternative hätte ich auch das Programm selbst erkunden lassen können. Jedoch besteht da die Gefahr, dass die Schüler sich nicht für den Aufbau des Programmes und deren Anwendung interessieren, sondern lieber mit dem Programm spielen wollen.

4.4 ARBEITSPHASE

In dem ersten Teil der Arbeitsphase, bearbeiten die Schüler das Arbeitsblatt I. Dieses beinhaltet einen kurzen Überblick des Programmes und der Struktur einer Mindmap. Da ich für diesen Teil nicht so viel Zeit einplanen wollte, müssen die Schüler nur die einzelnen Buchstaben den zugehörigen Texten zuordnen. Anschließend kontrollieren sie selbständig ihre Ergebnisse. Die Lösungen habe ich zuvor an die Tafel gehängt.

Im zweiten Teil der eigentlichen Arbeitsphase holen sich die Schüler am Pult das erste Blatt (Eine Mindmap erstellen). Die Schüler sollen überwiegend eigenständig arbeiten können und sich in erster Linie Hilfe durch die Anleitung (Medienreihe) oder durch die Klassenkameraden holen. Kommen sie in ihrer Arbeit dann immer noch nicht weiter, helfe ich gerne.

Einigen Schülern wird es leichter fallen, sich mit dem Programm zurechtzufinden. Für schnellere Schüler habe ich deshalb eine weitere Anleitung zur Gestaltung einer Mindmap vorbereitet. Somit ist auch eine Differenzierung

gewährleistet, was besonders wichtig im Fach Informatik ist. Das Arbeitsblatt II liegt ebenfalls auf dem Pult und kann geholt werden, sobald die Schüler mit dem Erstellen der Mindmap fertig sind.

Gegen Ende der Arbeitsphase, werde ich 2 bis 3 Schüler bitten, ihre Ergebnisse in den Tauschordner zu legen, damit wir sie anschließend der ganzen Klasse zeigen können.

4.5 ABSCHLUSS/ REFLEXION

Nach dem Vorstellen einiger Mindmaps, werden sich die Schüler mit ihren Stühlen wieder umdrehen. In der Mitte des Kreises liegen ein Stein und eine Feder. Der Stein steht für schwer, während die Feder für leicht steht. Da ich diese Reflexionsmethode erst in der letzten Stunde eingeführt habe, kann es sein, dass die Schüler sich noch etwas unsicher vorkommen.

Diese Reflexion ist eine Methode, Erfahrungen die im Unterricht gemacht wurden, zu reflektieren. Die Schüler nehmen den Stein in die Hand, wenn sie irgendwelche Schwierigkeiten in der heutigen Stunde hatten. Sie nehmen die Feder in die Hand, um mitzuteilen, was ihnen heute besonders leicht gefallen ist. Es ist immer der Schüler an der Reihe, der den Stein oder die Feder in der Hand hält. Diese Methode hat den Vorteil, dass die Schüler sich über die Stunde noch einmal Gedanken machen müssen und dadurch lernen, sich auch selbst einzuschätzen. Des Weiteren kann ich als Lehrerin erkennen, in welcher Phase die Schüler noch Schwierigkeiten haben. So kann in der nächsten Stunde noch einmal auf Schwierigkeiten näher eingegangen werden.

Zum Abschluss gebe ich den Kindern einen kurzen Ausblick auf die nächste Stunde. Das hat den Vorteil, dass die Schüler wissen, was sie in der folgende Stunde erwartet.

5 VERLAUFSPLANUNG

Fach:	Informatik
Thema:	Mindmap erstellen im MindManager Smart
Klasse:	5c

Datum:	29.04.2008
Name:	Eva Scheuermann
Mentorin:	Fr. Z.

Zeit	geplantes Lehrerverhalten	erwartetes Schülerverhalten	Arbeits- und Sozialform	Medien	Bemerkungen
08:40	Begrüßung der Schüler.	S. richten ihre Aufmerksamkeit auf den Lehrer und drehen sich mit ihren Stühlen um.	Klassengespräch	Flöte Fußball Buch Computerspiel DVD Begriffskarten Karten Edding	Herausfinden des Themas
	Einstieg L. deckt die Gegenstände auf. → Stiller Impuls	S. beschreiben was sie sehen.			Die Gegenstände dienen als Motivation
	Hinführung Ihr habt bestimmt auch ganz viele Hobbys!	S. erzählen welche Hobbys sie haben. Einige Beispiele werden noch auf Karten geschrieben und zu den Gegenständen gelegt.			
	Ihr seht hier viele Beschäftigungen die man in seiner Freizeit machen kann. L. legt noch Begriffskarten hin die fehlen. Jetzt sieht das aber noch sehr chaotisch aus. Können wir da vielleicht eine Ordnung/ bzw. Struktur hineinbringen? Kommt diese Struktur euch bekannt vor?	S. strukturieren die Begriffskarten und die Gegenstände. S: Das ist eine Mindmap.			
	Überleitung Mindmaps habt ihr bisher nur auf Papier erstellt. Wir können aber auch ganz ein-				

Zeit	geplantes Lehrerverhalten	erwartetes Schülerverhalten	Arbeits- und Sozialform	Medien	Bemerkungen
	fach Mindmaps mit Hilfe des Computers erstellen. Wie das geht werde ich euch jetzt zeigen.				
08:48	**Erarbeitung** L. startet die PowerPoint Präsentation. L. erklärt weiteren Ablauf.	S. folgen Aufmerksam der Präsentation u beteiligen sich.	Klassengespräch	Computer Beamer Präsentation	Kurze Einführung in das Programm „MindManager Smart".
08:55	**Arbeitsphase** L. teilt das Arbeitsblatt I „MindManager Smart" aus. L. hängt das Lösungsblatt an die Tafel.	S melden sich an den Computern an. S. bearbeiten dieses alleine oder mit dem Partner. S. kontrollieren selbständig ihre Ergebnisse.	Einzelarbeit Partnerarbeit	Arbeitsblatt I Lösungsblatt	
	L. steht beratend zur Seite.	S. arbeiten weiterhin selbständig. Sie erstellen eine Mindmap zum Thema „Freizeitbeschäftigungen" mit Hilfe der Medienreihe	Partnerarbeit	Computer „MindManager Smart" Medienreihe	Differenzierung: Eine Mindmap gestalten.
09:15	**Abschluss** L. fordert 2 bis 3 S. dazu auf, ihre Ergebnisse vorzustellen.	S. zeigen ihre Ergebnisse.	Klassengespräch	Computer „MindManager Smart" Beamer	
09:20	**Reflexionsphase** L. legt ein Stein und eine Feder in die Mitte.	S. nehmen den Stein und die Feder in die Hand und erzählen, was ihnen heute schwer/ bzw. leicht gefallen ist.	Klassengespräch	Stein Feder	Durch die Reflexion wird das „Gelernte" überprüft und evtl. Probleme der S. erkannt.
09:25	Verabschiedung der Klasse				

6 LITERATURVERZEICHNIS

6.1 BÜCHER

- BUCK K U A (2005) Enter - Informationstechnische Grundbildung – Schülerband 2. Braunschweig. S. 60-62.

- BUCK K U A (2005) Enter - Informationstechnische Grundbildung – Rund um ... Enter 2. Lehrermaterialien auf CD-ROM. Braunschweig. Kapitel 5.

- MINISTERIUM FÜR KULTUS, JUGEND UND SPORT BADEN-WÜRTTEMBERG (2004) Bildungsplan 2004 Realschule.

6.2 INTERNETQUELLEN

- LANDESAKADEMIE FÜR FORTBILDUNG UND PERSONALENTWICKLUNG AN SCHULEN (2005) LehrerInnen Fortbildung BW. Online: URL: http://lehrerfortbildung-bw.de/mindmap/
[Datum der Recherche: 18. April 2008 21:40 Uhr]

- WIKIMEDIA FOUNDATION INC. (2006) Wikipedia freie Enzyklopädie. Online: URL: http://de.wikipedia.org/wiki/Mindmap#Allgemein
[Datum der Recherche: 18. April 2008 21:55 Uhr]

6.3 ABBILDUNGEN

DECKBLATT

EHRHARDT T (2001) Comun@tix. Online: URL: http://www.schule.comunetix.de /formulare/minmansmar1.gif
[Datum der Recherche: 19. April 2008   16:00 Uhr]

BAUMSTRUKTUR

URL: http://www.laum.uni-hannover.de/ilr/lehre/Ptm/Grafik/BaumStruktur.gif
[Datum der Recherche: 18. April 2008   17:50 Uhr]

7 ANHANG

7.1 WORTKARTEN

| Instrumente |
| Fernsehen |
| Computer |
| Lesen |
| Sport |

7.2 POWERPOINT PRÄSENTATION

MINDMAPS ERSTELLEN IM

DAS PROGRAMMFENSTER

A Hauptleiste
B Menüleiste
C Symbolleiste
D Kode – Symbolleiste
E Hervorheben – Symbolleiste
F Farb – Symbolleiste
G Symbolordner
H Symbol – Galerie

DIE SYMBOLLEISTE

	erstellt eine neue Mind		einen neuen Hauptast oder Unterzweig erstellen
	öffnen einer Mind Map		löscht den Zweig/ bzw. das Bild
	speichern		vergrößern/ verkleinern der Ansicht
	drucken		

STRUKTUR EINER MINDMAP

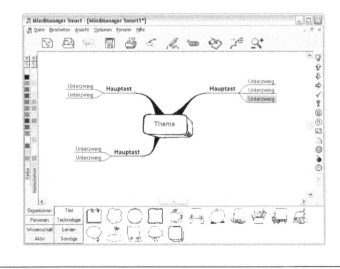

22

BAUMSTRUKTUR

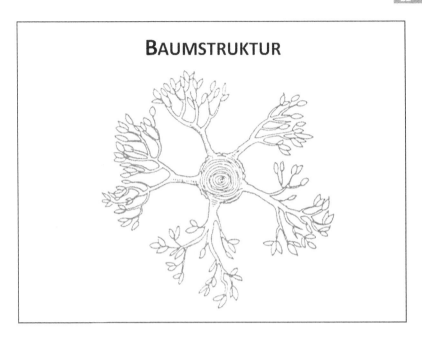

BEISPIEL EINER MINDMAP

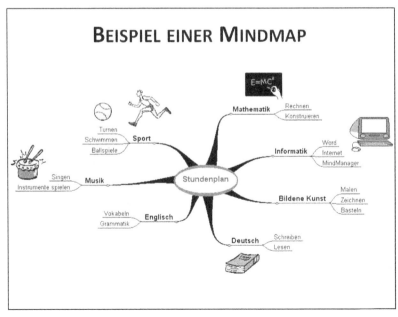

7.3 ARBEITSBLATT „MINDMANAGER SMART"

MINDMANAGER SMART

DAS PROGRAMMFENSTER

1. Ordne die Beschreibungen den Buchstaben zu.

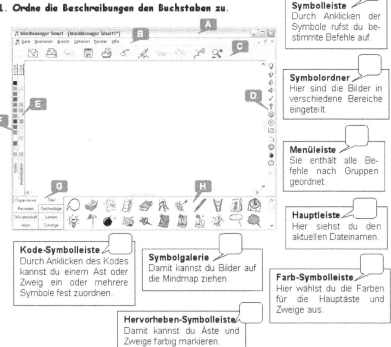

Symbolleiste
Durch Anklicken der Symbole rufst du bestimmte Befehle auf.

Symbolordner
Hier sind die Bilder in verschiedene Bereiche eingeteilt.

Menüleiste
Sie enthält alle Befehle nach Gruppen geordnet.

Hauptleiste
Hier siehst du den aktuellen Dateinamen.

Kode-Symbolleiste
Durch Anklicken des Kodes kannst du einem Ast oder Zweig ein oder mehrere Symbole fest zuordnen.

Symbolgalerie
Damit kannst du Bilder auf die Mindmap ziehen.

Farb-Symbolleiste
Hier wählst du die Farben für die Hauptäste und Zweige aus.

Hervorheben-Symbolleiste
Damit kannst du Äste und Zweige farbig markieren.

2. Beschrifte die Mindmap mit den daneben stehenden Begriffen

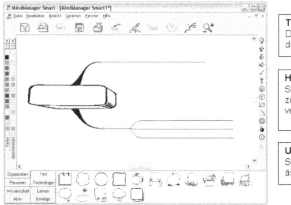

Thema
Der zentrale Begriff der Mindmap.

Hauptäste
Sind direkt mit dem zentralen Thema verbunden.

Unterzweige
Sind mit den Hauptästen verbunden.

MindManager Smart

Das Programmfenster

1. Ordne die Beschreibungen den Buchstaben zu.

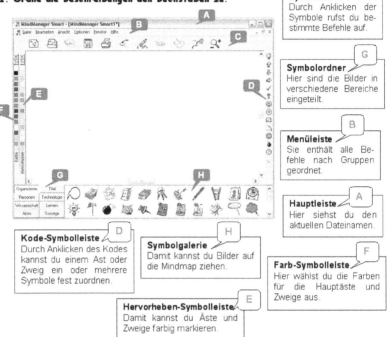

Symbolleiste C
Durch Anklicken der Symbole rufst du bestimmte Befehle auf.

Symbolordner G
Hier sind die Bilder in verschiedene Bereiche eingeteilt.

Menüleiste B
Sie enthält alle Befehle nach Gruppen geordnet.

Hauptleiste A
Hier siehst du den aktuellen Dateinamen.

Kode-Symbolleiste D
Durch Anklicken des Kodes kannst du einem Ast oder Zweig ein oder mehrere Symbole fest zuordnen.

Symbolgalerie H
Damit kannst du Bilder auf die Mindmap ziehen.

Farb-Symbolleiste F
Hier wählst du die Farben für die Hauptäste und Zweige aus.

Hervorheben-Symbolleiste E
Damit kannst du Äste und Zweige farbig markieren.

2. Beschrifte die Mindmap mit den daneben stehenden Begriffen

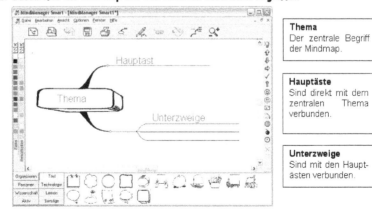

Thema
Der zentrale Begriff der Mindmap.

Hauptäste
Sind direkt mit dem zentralen Thema verbunden.

Unterzweige
Sind mit den Hauptästen verbunden.

7.4 MEDIENREIHE

EINE MINDMAP ERSTELLEN

1. Öffne den Ordner „Multimedia". Starte das Programm „MindManager".

2. Falls direkt nach dem Programmstart eine Mindmap angezeigt wird, klicke auf und es wird eine neue Mindmap erstellt, auf der bisher nur das Zentrum aufgezeichnet ist.

3. Wenn du für das Thema ein anderes Hintergrundsymbol haben möchtest, gehe auf die Symbolgalerie „Titel" und ziehe das Symbol (mit gedrückter linker Maustaste) auf das andere Symbol in der Mitte der Arbeitsfläche. Es wird entsprechend geändert.

4. Klicke auf „Thema hier eingeben" und gib unser Thema „Freizeitbeschäftigungen" ein. Dieses wird zentral angeordnet!

5. **Zwischenspeichern**: Gehe in der Menüleiste auf DATEI – „Speichern unter". Speicher die Datei unter dem Namen „Freizeitbeschäftigungen" ab.

Hauptäste / Unterzweige einfügen

Vom Thema gehen unmittelbar die Hauptäste ab! Jeder Hauptast stellt einen Oberbegriff (z.B. Sport) dar. Dem Oberbegriff werden die Unterbegriffe (z.B. Tennis, ...) mithilfe von Zweigen zugeordnet.

6. Überleg dir mindestens **5** Oberbegriffe und jeweils **2-3** Unterbegriffe zu unserem Thema „Freizeitbeschäftigungen".

7. Klicke auf das Symbol. Es erscheinen die Hauptäste. Trage deine <u>Oberbegriffe</u> dort ein.

Für einen Unterzweig musst du den Hauptast markieren und wieder auf das Symbol klicken. Trage die <u>Unterbegriffe</u> ein.

Wenn man einen Ast/ bzw. Zweig wieder löschen will, klickt man auf ihn und drückt das Symbol.

8. Speicher die Mindmap, indem du auf das Symbol klickst.

Eine Mindmap gestalten

Wenn du nun alle Äste bearbeitet hast, kannst du die Mindmap farbig gestalten und noch verschiedene Bilder einfügen.

Äste verschieben

1. Klicke auf den kleinen weißen Kreis am Anfang vom Hauptast – halte die Maustaste gedrückt – jetzt kannst du den Zweig an eine andere Stelle verschieben.

Äste einfärben

1. Klicke auf die Oberbegriffe. Wähle in der „Hervorheben- Symbolleiste" eine Farbe und markiere so die Oberbegriffe in unterschiedlichen Farben.

2. Klicke auf die Unterbegriffe und wähle in der „Farb-Symbolleiste" eine andere Farbe.

Bilder einfügen

Wenn wir ein Bild in unsere Mindmap einfügen möchten, müssen wir zuerst links unten die gewünschte Kategorie auswählen und dann können wir das Bild anklicken und an die gewünschte Stelle in der Mindmap ziehen.

Hier die Kategorie auswählen und dann ein Bild aussuchen!

Wenn man ein Bild wieder löschen will, klickt man auf das Bild und drückt das Symbol

Kodes einfügen

Wenn du nun einem Ast ein kleines Bild geben willst, wie z.B. hier,

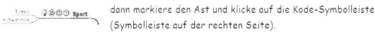
dann markiere den Ast und klicke auf die Kode-Symbolleiste (Symbolleiste auf der rechten Seite).

Möchtest du es wieder entfernen, dann markiere den Ast noch einmal und klicke auf das Bild in der Kode-Symbolleiste, das du entfernen möchtest. Schon ist es verschwunden!

Speicher die Mindmap, indem du auf das Symbol 🖫 klickst.

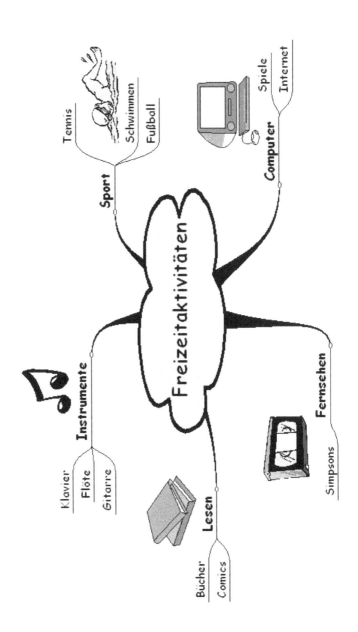